LE SERVAGE

DANS LA MARCHE

par

M. MAYAUD

Membre de la Société des Sciences naturelles et archéologiques
de la Creuse

PRIX : 1 FRANC.

GUÉRET

IMPRIMERIE DE MADAME VEUVE BETOULLE

1878

GUÉRET, IMPRIMERIE DE MADAME VEUVE BETOULLE.

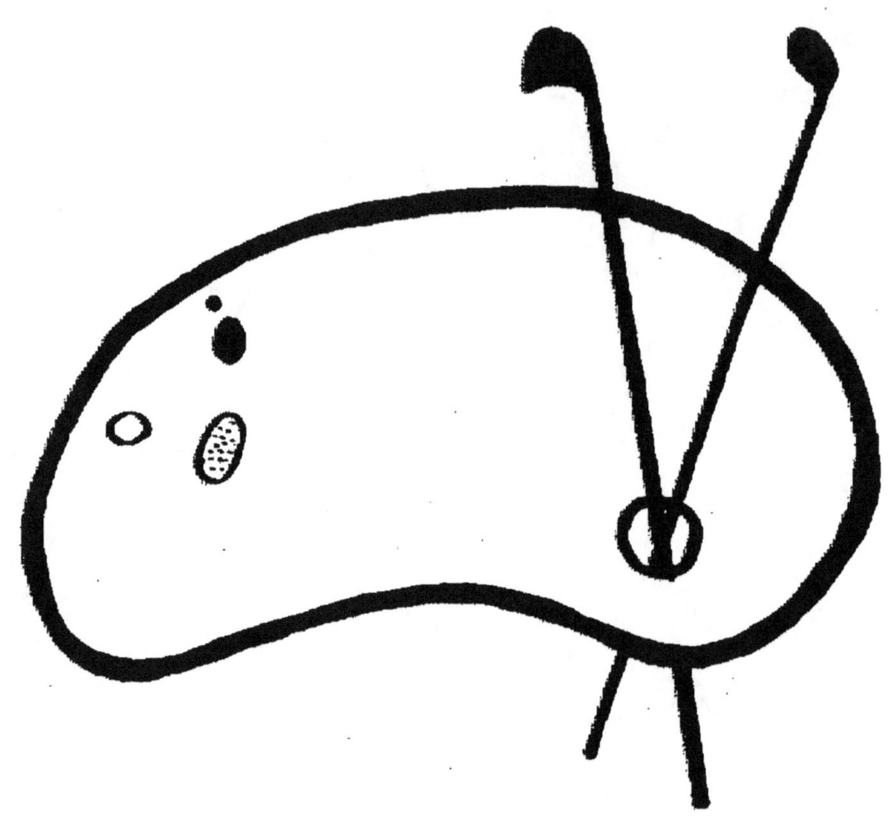

FIN D'UNE SERIE DE DOCUMENTS
EN COULEUR

LE SERVAGE

DANS LA MARCHE

par

M. MAYAUD

Membre de la Société des Sciences naturelles et archéologiques
de la Creuse

GUÉRET

IMPRIMERIE DE MADAME VEUVE BÉTOULLE

1878

LE

SERVAGE DANS LA MARCHE

I

On ne saurait toucher au passé sans voir se dresser devant soi le moyen âge avec son cortége de bizarres créations, avec son organisation compliquée, avec cette forte et terrible hiérarchie féodale qui soumettait tout à ses lois, hommes et choses. Mais ce qui frappe le plus dans ce sombre tableau, c'est l'apparition du servage, ce long crime de tant de siècles, qui avait fait de la société humaine l'apanage exclusif d'une classe d'hommes représentant à peine un quinzième de cette société, quinzième qui formait la caste arrogante, hautaine et turbulente de la noblesse. Quant aux autres quatorze quinzièmes, ils composaient ce qu'on appelait alors la plèbe, ils étaient sous la dépendance absolue des nobles qui pouvaient en disposer, selon leurs caprices, comme de leur chose propre. Pauvres serfs! que l'on désignait en y attachant intentionnellement un sentiment de mépris, par les noms de manans, de vilains, de roturiers.

Ils formaient cette classe nombreuse des déshérités de la grande famille humaine, êtres taillables, corvéables et exploitables à merci et volonté de leurs seigneurs et maîtres;

de ces nobles tyrans qui s'imaginaient n'avoir d'autre juge que Dieu entre eux et leurs malheureux ilotes, et qui abusaient de leur autorité contre le droit et la raison pour les tourmenter.

Ce n'était qu'au lit de mort, et seulement sous la crainte des châtiments éternels que ces despotes enjoignaient, avec les plus vives instances, à leurs successeurs de réparer les injustes exactions qu'ils avaient commises et d'abolir les mauvaises coutumes qu'ils avaient établies sur leurs terres, toujours pour accabler de tailles et de corvées l'infortuné habitant de la campagne. Mais ces recommandations restaient à peu près sans effet, parce qu'il plaisait grandement à ceux qui auraient dû réparer le mal d'en retirer pour leur compte le plus de profit possible. Ce n'était qu'aux abbayes, prieurés et autres communautés religieuses qu'on restituait les droits et privilèges qui leur avaient été ravis, en les augmentant parfois de nouvelles concessions. Quant au pauvre roturier ou vilain, serf après comme devant, il restait toujours aussi malheureux, aussi accablé des charges qu'il avait plu aux caprices de ses maîtres de lui imposer.

Il ne faut pas croire que les habitants des villes fussent plus convenablement traités ; bien que leur sort parût meilleur, ils n'en étaient pas moins presque tous également mainmortables ou serfs comme les habitants de la campagne. Et toutes les fois qu'il plaisait aux seigneurs, ils faisaient proclamer par leurs prévôts, le hau-ban ; c'est-à-dire qu'ils convoquaient serfs et vilains pour quelques corvées ou quelques services, puis ils les contraignaient à se racheter à prix d'argent. S'il leur arrivait parfois de supprimer quelques mauvaises coutumes, ce n'était jamais gratuitement ; car à cette époque non-seulement on tirait parti de l'abus tant qu'il subsistait, mais encore on en faisait largement payer l'abolition.

II

Le servage de la glèbe, de quelque nom qu'on l'appelât s'enfonçait dans la nuit des siècles et avait sa racine à une époque insaisissable. Il avait pris sa source dans le droit de conquête, dans le droit du plus fort, dans l'avarice et l'amour du gain; passions abjectes qui ne disent jamais : C'est assez !

La servitude existait dans la Gaule longtemps avant la venue des Romains; mais il semble qu'alors le serf était traité plus favorablement, il avait avec le maître des rapports journaliers qui n'avaient rien d'humiliant, on le nommait *familier*, nom qui voilait un peu l'odieux de la servitude. Mais la conquête apporta un grand changement dans la population libre et dans la population servile. Les petits propriétaires ruinés par la durée de la guerre et dépouillés par les usuriers, furent plus que jamais obligés de se mettre sous la protection des seigneurs puissants. Ils ne purent bientôt plus soutenir la concurrence et furent dans la nécessité de vendre leurs propriétés que les acquéreurs, en petit nombre, réunirent par grandes masses. Ces nouveaux enrichis des dépouilles des autres renoncèrent aux travaux rustiques pour se réunir dans les grandes villes, où il leur était plus facile de vivre dans le luxe et l'abondance. Ils soumirent leurs esclaves à l'inspection de régisseurs mercenaires; les réduisant ainsi à une condition beaucoup plus dur beaucoup plus misérable. Traités plus dûrement que les bêtes de somme ces malheureux périssaient à la peine sans laisser de postérité.

En examinant attentivement l'organisation du servage au moyen âge on reconnaît facilement qu'il n'est que la *transformation* de l'esclavage gallo-romain, *avec une recrudes-*

cence, s'il est permis de dire de rigueurs et de mesures vexatoires. Il grandit d'une manière démesurée au fur et à mesure que la puissance de la féodalité se développe et se rend indépendante, sous la faiblesse des successeurs de Charlemagne, en usurpant la puissance publique et tous les droits qui en dépendaient ; alors les serfs trouvèrent en leurs maîtres, au lieu d'une autorité paternelle, l'exigence d'un despote.

Dans les durs préjugés de l'antique orgueil de race, les serfs étaient regardés tout au plus comme une seconde espèce humaine ; et, en faisant application de la loi romaine intitulée *aquilia*, on mettait sur la même ligne celui qui avait tué la bête de somme ou le serf d'autrui : Dans les deux cas, la loi ne condamnait le coupable qu'au paiement du dommage souffert par le maître, et ce paiement s'abaissait ou s'élevait suivant la valeur estimative du serf.

Aux serfs incombait la tâche de cultiver les terres. Ils ne pouvaient ni les acquérir ni les posséder, seulement ils y trouvaient leur nourriture. Aux serfs toute la peine, toutes les privations, tous les chagrins ; aux seigneurs propriétaires tous les bénéfices, tous les plaisirs, toutes les jouissances.

Le serf était de condition ignoble ; ne prenant aucune part aux affaires de l'État ; incapable d'exercer aucune fonction ; indigne de porter témoignage en justice ; il était rejeté du bénéfice de toutes les lois et assujetti à une obéissance passive.

Aucune forme judiciaire ne protégeait les pauvres serfs. La loi ne s'occupait d'eux que pour les châtier ou pour les livrer à tous les caprices de colère du maître. Pour la moindre faute ils étaient punis avec la plus grande rigueur.

Le seigneur avait droit de vendre, d'échanger, de donner ses serfs, de les revendiquer partout, et d'en disposer comme de ses bêtes de somme. Il pouvait les frapper, les tuer même, il n'en devait compte qu'à Dieu.

III

On raconte parfois sur ces nobles bardés de fer, au cœur dur comme leur armure, qui n'admettaient pas que le serf, qu'ils méprisaient, fut leur frère, leur égal en misères et en espérances, des choses si extraordinaires, des faits révoltant tellement l'humanité qu'on est obligé de les révoquer en doute quelque soit l'autorité des auteurs qui les rapportent.

Ainsi Dulaure, dans ses *Esquisses historiques des principaux événements de la Révolution française* (1), nous dit, d'après M. le curé Clerget, député à l'Assemblée constituante (2), que les comtes de Montjoie, les seigneurs de Meschers et quelques autres de la Franche-Comté et de la Haute-Alsace s'étaient arrogé le droit de faire, pendant l'hiver, à la chasse, éventrer leurs serfs pour se réchauffer les pieds dans leurs entrailles palpitantes.

« M. le comte de***, ajoute-t-il, plaidait au Parlement,
« il s'agissait de plusieurs droits féodaux qui lui étaient
« contestés par ses sujets. Ceux-ci prétendaient que l'abon-
« nement qui avait établi, en faveur du seigneur, les di-
« verses prestations exigées par lui n'avait plus de valeur,
« parce que le terme de sa durée était expiré depuis long-
« temps. L'acte d'abonnement fut produit et sa date vérifiée.
« On y vit avec horreur que les habitants de*** s'étaient
« soumis à des corvées à bras et avaient promis de payer
« dans le cours de soixante ans, des redevances en blé et en
« avoine, à condition que le seigneur, de son côté, renon-
« cerait pendant le cours de cet abonnement à son droit de

(1) Tome 1er, page 253, note.
(2) *Le Cri de la Raison*, par le curé Clerget, publié à Besançon en 1789.

« les conduire à la chasse et de les faire éventrer, en hiver,
« pour se réchauffer les pieds dans leurs entrailles. »

Le magistrat rapporteur de ce procès, indigné à la vue
de cette pièce, dit au comte, ajoute M. Clerget, « j'ignore
comment vos aïeux vous ont acquis un droit si étrange,
mais je sais qu'il rend fort suspect à mes yeux vos autres
droits seigneuriaux. »

Amélius de Lestang avait tué le fils d'Étienne Lavaud,
l'un de ses hommes qui habitait Esmonard (1). Ayant res-
senti quelques remords de conscience pour cette mauvaise
action, il se rendit à l'abbaye de Bonlieu (2) le dernier jour
des calendes de décembre 1248, pour confesser son crime
et en obtenir le pardon. Afin de se rendre favorables les bons
religieux et d'avoir part à leurs prières, il créa en faveur
de cette abbaye une rente annuelle et perpétuelle d'une
émine de froment et d'un denier, à prendre sur la manse
d'Étienne Lavaud-Baloant, père de sa victime.

Que donne-t-il à celui-ci? Rien!... Il ne lui supposait pas
le cœur d'un père, sensible à la douleur et susceptible de
ressentir quelque chagrin de la mort d'un fils violemment
arraché à son affection paternelle.

Pour Amélius de Lestang, de même que pour tous ses
pareils, le serf n'était pas un homme pouvant éprouver des
sensations quelconques. Dans leur froid et cruel égoïsme ils
lui refusaient cette qualité, le reléguant à l'affreuse condition
des bêtes de somme.

Ainsi, non-seulement Étienne Lavaud ne reçoit aucune
consolation du meurtrier de son fils, mais celui-ci pousse

(1) Ésonard, commune de la Serre-Buxière-Vieille, canton de
Chénérailles.

(2) Abbaye située sur les bords de la Tardes dans une gorge
étroite très-pittoresque, dans la commune de Peyrat-la-Nonière,
canton de Chénérailles.

même la cruauté jusqu'à imposer, à ce père infortuné, l'obligation de servir, chaque année, la rente que lui, Amélius, avait constituée pour calmer les remords de sa conscience, et qui devra renouveler chaque fois la douleur du malheureux Étienne Lavaud, en lui rappelant la mort de son fils (1).

Raynal, dans son *Histoire du Berry*, rapporte un acte qui nous fait connaître comment les seigneurs traitaient les serfs récalcitrants.

Arnoul de Livron prétendait avoir droit de servitude comme tenant un fief de son cousin Gimon Badat, seigneur de Concressault, sur certains hommes de Bué, auprès de Sancerre. Mais ces hommes disaient qu'ils étaient serfs de Saint-Étienne de Bourges, et ils soutenaient qu'ils n'appartenaient ni à l'hommage d'Arnoul, ni au fief de Gimon Badat; alors, le fils de ce dernier transporté de colère fit saisir l'un d'entre eux, Jean, de Bué, frère de Josbert, lui fit donner la question; Jean la subit avec courage et, malgré la douleur, il continua à dénier qu'il fut l'homme d'Arnoul et de Gimon. La fureur du noble bourreau contre ce malheureux ne connut plus de bornes; il lui coupa un pied !... Dans sa juste indignation l'archevêque de Bourges excommunia Gimon et prononça contre sa terre une sentence d'interdit. Il fallut donc qu'il vint s'humilier aux pieds du prélat et implorer son absolution. Il fit amende honorable entre les mains de l'archevêque, en présence d'Étienne, évêque de Clermont, et d'une assemblée nombreuse de prélats et de chevaliers. Il fut décidé que Jean, celui dont le pied avait été coupé, appartiendrait désormais au chapitre, ainsi que tous les hommes dont on s'était disputé la possession, et leurs héritiers à perpétuité.

Voilà toute la satisfaction qu'obtint le pauvre serf; il

(1) *Cartulaire de l'abbaye de Bonlieu.*

échappait à des maîtres féroces, et sans doute c'était beaucoup ! Que pouvait-il espérer de plus !

IV

Les serfs de main-morte étaient dits aussi serfs de corps, pour bien montrer qu'ils faisaient partie de la terre ; qu'ils étaient membres du fonds avec lequel ils étaient vendus comme un cheptel humain. On les comptait par tête comme les animaux d'un troupeau. Ils tenaient si fortement à la glèbe, qu'ils étaient réduits à une vie en quelque sorte végétative et semblaient se confondre, juridiquement au moins, avec le sol. Ils étaient immeubles par nature, à l'instar des fruits et récoltes pendantes par racines ; ou si l'on veut, immeuble par destination comme des objets placés sur le fonds à perpétuelle demeure.

Le maître seul avait le privilége d'arracher au sol cet homme-plante, comme dit Voltaire, il pouvait le transporter ailleurs, à son caprice, aussi loin qu'il le voulait, sûr de n'éprouver aucune résistance.

De même que tout ce qui entre dans le commerce le serf était quelquefois la cause de discussion, de procès.

Nous voyons au xii⁰ siècle le chapitre de Mehun et le chapître de Bourges plaider pour la possession d'une famille de serfs établie à Tinay. Les chanoines de Bourges soutenaient que la mère de ces hommes était venue de Surry-en-Vaux, l'une de leurs terres, et qu'elle leur appartenait. Ceux de Mehun prétendaient qu'elle leur avait été donnée dans son enfance et qu'ils l'avaient mariée à l'un de leurs hommes. De leur côté, les serfs eux-mêmes résistaient en disant que leur père n'était pas dans la servitude des chanoines de Mehun et leur payait seulement deux deniers de redevance annuelle.

L'archevêque de Bourges décida, en 1457, que tant qu'ils vivraient les serfs de Tinay paieraient deux deniers au chapitre de Bourges, quatorze au chapitre de Mehun et ne devraient aucun autre service; mais qu'à mesure qu'arriverait le décès de chacun d'eux, cette redevance ainsi que *les enfants*, ce qu'on appelait *les fruits* dans ce langage qui traite les hommes comme un vil bétail, seraient partagés entre les deux chapitres (1).

Baluze rapporte une charte de 859, par laquelle Rotrude cède aux religieux de Beaulieu son village de Belliac, avec ses serfs, savoir : Domereau, sa femme et leurs deux enfants, Magane et ses enfants, Bertrand et ses enfants, Gristaberth, sa femme et leurs deux enfants, Arnoult et Louis son frère, Augan et Aulild qui sont les habitants du dit village.

Baluze rapporte beaucoup d'autres chartes par lesquelles il constate des marchés, des ventes et des donations d'objets inanimés et de serfs.

Que penser de ce droit de Guy, vicomte de Limoges, frère d'Aimeric, vicomte de Rochechouart, qui donne au monastère de Tortoirac, entre autres choses, les villages d'Alpay avec ses serfs, les habitants, les maisons, les vignes, les prés, le lieu de Peucis avec ses serviteurs et ses servantes? Ne semble-t-il pas que ces habitants d'Alpay et les serviteurs et servantes de Peucis étaient des choses inanimées, matérielles que l'on pouvait vendre, acheter, et dont on pouvait user, abuser, trafiquer, comme d'une maison, d'une vigne, d'un pré, d'un animal domestique?

Beaumanoir raconte que Huon, évêque d'Avranches, donna cinq femmes et deux hommes en échange du cheval qu'il avait monté lors de la cérémonie de son entrée dans son diocèse.

(1) Raynal, *Histoire du Berry*.

L'abbé de Saint-Denis, tombé au pouvoir des Normands en 858, n'obtint sa liberté qu'au prix d'une rançon de 3,250 livres d'argent et un nombre déterminé de chevaux, de bœufs, d'hommes, de femmes et de familles serves.

Ainsi, deux prélats, deux hauts dignitaires dans l'Église, ayant par conséquence charge d'âmes, foulant aux pieds la divine doctrine du Maître, sacrifient l'un cinq femmes et deux hommes pour satisfaire un caprice! en échange d'un cheval! Quel prix attachait-il donc à ce cheval? ou plutôt combien faisait-il peu de cas de ses malheureuses victimes! l'autre, pour ménager son or ou ses vases précieux, livre à des barbares des familles entières qu'il sait à l'avance devoir être exposées à des labeurs excessifs, aux souffrances et aux tortures les plus atroces.

V

En parcourant les chartes et cartulaires de nos abbayes, on trouve un grand nombre de donations du même genre, émanant d'hommes guidés, le plus souvent, par une piété exagérée et une dévotion poussée jusqu'à la superstition. Mais tout cela rentrait si bien dans les mœurs de l'époque, qu'ils ne voyaient rien que de très-légitime et de très-chrétien à disposer ainsi du sort des malheureux serfs. Ils croyaient se racheter par-là, de tous les crimes, des cruautés et des exactions les plus abominables.

Il était généralement d'usage de ne faire aucune entreprise périlleuses, de ne partir pour des voyages lointains, comme les croisades, les pèlerinages, etc., etc., sans s'y être préparé par des dons faits aux abbayes les plus célèbres, afin d'avoir part aux prières des bons moines, ou par des offrandes déposées aux pieds des autels des saints les plus en vogue et les plus en renom, ceux dont l'intervention auprès de l'Être suprême était considérée comme la plus efficace. Dons acceptés avec empressement par les abbayes et prieurés qui y trouvaient un accroissement de puissance et de richesse.

Par une charte de 1080 (1), Eudes de Bridier, Ascelina son épouse et Berald, leur fils, donnent aux chanoines de Bénévent des hommes à Vieilleville commune de Mourioux (2).

Constantin de Malbrem et Armengarde de Saint-Priest donnent aux mêmes, Agnès, fille d'Étienne, épouse de Pierre, des Mas (3).

En 1230, Isabelle, épouse de Guillaume Gauthier de Riberia, donne à l'abbaye de Bénévent, Guillaume Loebat, tous ses descendants nés et à naître et tout ce qu'il possède dans le bourg de Salagnac. Donation confirmée par Guillaume de Bridiers, frère de ladite Isabelle et par Gauthier de Morou (4), qui se disposait à partir pour la terre sainte (5).

En 1190, Bertrand de Saint-Marc; en 1236, Humbert de Lage (6); en 1237, Bernard de Saulzet (7); font de semblables donations. En 1276, Pierre de Naillac, archidiacre de l'église de Limoges, et Pierre, son neveu, damoiseau, seigneur de Montaigut (8) et de Salagnac (9),

(1) *Cartulaire de l'abbaye de Bénévent.*
(2) Mourioux, chef-lieu de commune, canton de Bénévent.
(3) *Cartulaire de l'abbaye de Bénévent.*
(4) Mourioux.
(5) *Cartulaire de l'abbaye de Bénévent.*
(6) Lage-au-Seigneur, commune du Grand-Bourg.
(7) Sauzet, commune de Bénévent.
(8) Montaigut de Mons-Accutus, canton de Saint-Vaury.
(9) Salagnac, canton du Grand-Bourg.

donnent, à la même abbaye, Étienne Faiart avec toute sa lignée (1).

En 1213, Amélius de Chauchet, pour son salut, celui des siens et de son frère Radulphe, qui, ce jour-là, entrait en religion, donne aux religieux de l'abbaye de Bonlieu, son serf Pierre Éroin, ses fils et ses filles, ensemble tout ce qu'ils avaient et possédaient. Il donne également, P. Boissonner et ses sœurs, en même temps leur borderie (2).

Par autre charte datée de Bonlieu en 1207, Aymon de la Roche et ses deux fils, donnent à la dite abbaye la manse et la borderie de la Faya, paroisse de Champagnac, avec tout ce qui en dépendait, notamment les serfs tant mâles que femelles, *tam masculos quam feminas,* qui les cultivaient (3).

En 1209, Pierre de Chierbonni, dit le médecin, fait une donation du même genre à la dite abbaye (4).

En 1208, Raynald ou Raynauld et Pierre de Saint-Loup, frères, Pierre de Saint-Domet, leur neveu, donnent à la même abbaye, la manse de Raynault de la Chaux, ensemble ceux qui la cultivaient et tout ce qui pouvait leur appartenir, à l'exception d'une femme, à laquelle ils accordent la liberté et à ses descendants (5).

En 1231, P. de Malamira, sa femme et ses enfants, donnent à l'abbaye de Bonlieu, Étienne Laloth, J. Laloth avec leurs enfants et descendants, serfs qui cultivaient la manse d'Aurivaux ou d'Aurival, donation faite en présence de Guy, évêque de Limoges (6).

Nous devons faire remarquer que dans toutes les donations de cette époque, le donateur débute par cette phrase sacramentelle, pour les donations faites à l'abbaye de Bonlieu par exemple : « Dono deo et beatæ Mariæ et « fratribus Boni-Loci. » Je donne à Dieu, à la bienheureuse Marie et aux frères de Bonlieu. Pour celles faites à Bénévent : « Dono Deo et sancto Bartholomeo et fratribus « Beneventi. » Je donne à Dieu, à saint Barthélemy et aux frères de Bénévent. Ainsi de même pour les dons faits aux autres abbayes et prieurés. Donation d'abord à Dieu, puis au patron du lieu, et enfin aux religieux qui en retirent tous les profits.

Le 12 des calendes d'avril 1208, par charte datée de Linerole (1), Aubart, Aulard et Hélie de St-Julien, frères, Pierre et autre Pierre de Saint-Domet, père et fils, font à l'abbaye de Bonlieu d'importantes donations dans la paroisse de Champagnac (2). Ils donnent en même temps que les manses, villas et borderies, les colons, c'est-à-dire ceux qui les cultivent, ainsi que leurs descendants. Ils donnent également, chose exhorbitante, *tous ceux de l'un et l'autre sexe qui viendraient y faire leur résidence* (3).

Par charte du 28 juin 1250, Guillaume de Saint-Julien, damoiseau, de la même famille, donne à l'abbaye de Bonlieu, *tous les hommes demeurant alors et tous ceux qui viendraient à l'avenir fixer leur résidence à Sermensanac,* paroisse de Saint-Domet (4).

(1) Neyrolles, commune de Saint-Chabrais; l'abbaye de Bonlieu y avait une grangia ou prieuré. Ce prieuré devait avoir une certaine importance d'après ses possessions territoriales et les droits et redevances y attachés. Beaucoup de chartes faites en faveur de Bonlieu sont datées de Linerole.

(2) Champagnac, commune, canton de Bellegarde.
Saint-Julien, canton de Chambon.
Saint-Domet, canton de Bellegarde.

(3 et 4) *Cartulaire de l'abbaye de Bonlieu.*

Ainsi ce n'est pas seulement l'homme qui est anéanti et comme frappé de mort ; la terre elle-même est maudite et donne la servitude à qui l'approche. Un étranger libre vient l'habiter, c'en est fait de lui ; il a pris racines, il s'implante dans le sol et s'y incorpore. Il devient serf, ainsi que ces deux donations et la suivante nous en fournissent des exemples.

Et il ne faut pas croire qu'il puisse jamais revenir à la vie libre. Non ! il est le damné qui doit renoncer à toute espérance ; il est affecté d'un vice qui pénètre sa chair et son sang. La main-morte, dit Voltaire, est plus tenace que la noblesse, on ne peut plus la perdre ni ne pas la communiquer. C'est une maladie inhérente aux os, maladie éternelle et que la prescription la plus longue est impuissante à guérir.

En fait de donations du genre de celles qui précèdent l'acte le plus étrange est, sans contredit, la charte que Raynal rapporte dans son histoire du Berry (1), par laquelle Raoul de Déol, fait à l'église de Levroux une libéralité vraiment digne d'un prince.

Depuis le commencement du xe siècle, une maladie effroyable atteignait et décimait les populations ; c'était une sorte de charbon pestilentiel qui rongeait les chairs avec tant de rapidité qu'on l'appelait le feu ou l'incendie de l'enfer. Pour le guérir on avait recours aux remèdes de l'époque : on s'adressait aux saints les plus renommés, on encombrait les portiques de leurs églises ou les vestibules de leurs monastères. Tous ces malheureux couchés devant les églises, le jour et la nuit, remplissaient l'air de leurs cris de douleur ; on voyait des parties de leurs corps se détacher par la force du mal, et leurs plaies répandaient partout une odeur fétide.

(1) Tome 1er, page 471, aux pièces justificatives.

Saint Silvain, le patron de l'église de Levroux, fut, dans le courant du XIᵉ siècle, en si grande renommée pour la guérison de cette affreuse maladie, que dans la contrée voisine on la nomma le *feu* ou le *mal de Saint-Silvain.*

Raoul de Déols déclara que *tous ceux,* qui, pour recouvrer la santé, viendraient se coucher sous le portique de l'église *seraient à l'avenir ainsi que leurs héritiers, les hommes serfs des chanoines;* il remit à l'avance les droits et les coutumes qu'il avait sur eux *pendant la vie et à la mort.*

Ce fut-là, pour le chapitre, un revenu important et qu'il défendit avec un soin jaloux. On voit, en effet, qu'en 1263, il contraignit la femme d'André Dubreuil de prêter serment que, désormais, elle ne se mêlerait plus de guérir aucun malade atteint du mal de Saint-Silvain, sous peine d'une amende de dix livres; tout ce qu'on lui permettait, c'était d'aller une seule fois donner ses conseils quand le seigneur l'appellerait pour lui ou pour les siens.

VI

La féodalité s'était emparée d'un texte de la loi salique en lui donnant une extension déplorable. L'homme libre qui épousait une femme serve, devenait serf lui-même, comme la femme libre perdait les avantages de sa position en épousant un serf.

C'est ce qu'on exprimait par ces mots : « En for mariage « le pire emporte le bon. »

Loisel (1) en a fait le texte de l'une des maximes de ses Institutes coutumières; et il en tire la conséquence,

____
(1) Tom 1ᵉʳ, page 27, 2ᵉ édition.

qui du reste découle de soi, que puisque dans ces mariages le franc suit toujours la condition du serf, les enfants provenant de ces unions naissent serfs. Et il nous dit que cet abus se pratiquait principalement en Bourbonnais et en Nivernais. Il aurait pu ajouter la Combrailles.

Probel, dans ses notes sur la coutume d'Auvergne, nous dit qu'il a soutenu en faveur des chanoines d'Évaux, qu'un enfant né d'une *femme serve* et d'un *père qui ne l'était pas, était serf*. L'affaire fut appointée, dit-il, et la règle que la pire condition entraîne la bonne prévalut.

Le serf n'était pas libre de se marier où il voulait, ni comme il le voulait, notamment à une personne d'une autre seigneurie.

Pourtant il intervenait quelquefois entre les seigneurs voisins une convention qui permettait le mariage entre leurs serfs; mais, en pareil cas, tout ce que ces derniers laissaient à leur mort se partageait : non-seulement les biens, mais aussi les enfants!

Le *Cartulaire du prieuré de la Chapelle-Aude*, nous offre plusieurs exemples de ces étranges partages, qui assimilaient au croît de cheptel, la formation des familles soumises à la servitude! A la suite d'une opération de cette nature, il était resté en commun entre ce prieuré et Amelius de Chambon, une femme, Jeanne, fille de Gérald Tixier; Radulfe, prieur de la Chapelle-Aude, auquel Amelius avait offert deux sols de sa part, refuse de la céder, dans la crainte, disait-il, d'être accusé de laisser amoindrir entre ses mains le patrimoine de saint Denis. Amelius lui abandonne alors ses droits pour le même prix.

Dans ses Récits Mérovingiens, M. Augustin Thiéry nous parle d'un certain seigneur franc qui faisait le mal par goût, comme les autres barbares le faisaient par passion ou par intérêt.

On racontait de lui des traits d'une cruauté vraiment fabuleuse, comme ceux que la tradition populaire impute à quelques chatelains des temps féodaux, et dont le souvenir reste attaché aux ruines de leurs donjons.

Entre autres traits de lui, il rapporte qu'il fit enterrer vifs, dans la même fosse, deux de ses colons, un jeune homme et une jeune fille, coupables de s'être mariés sans son aveu, et que, à la prière d'un prêtre, il avait juré de ne point séparer. « J'ai tenu mon serment, disait-il « avec un ricanement féroce, ils sont ensemble pour « l'éternité. »

Quoique les serfs ecclésiastiques, fussent en apparence mieux traités que ceux des laïques, ils n'en étaient cependant pas moins, comme eux, soumis à toutes les misères de la servitude. Ainsi le droit de for mariage fut exigé d'eux dans toute la rigueur. Nous verrons plus tard les droits de suite exercés par les chanoines d'Evaux.

Un serf de la Chapelle-Aude, Giraud Le Roux, voulant marier sa fille à Châtelus-Malvaleix, hors de la mouvance du prieuré, Eudes de Deuil, alors prieur, dans la crainte de voir le prieuré frustré de ses droits, s'opposa au mariage; Giraud s'offrit au prieur comme caution avec Jean Aymeric, eux et leurs biens en garantie du cens annuel de quatre deniers et des autres droits appartenant à Saint-Denis, ainsi que la moitié des enfants à naître; ces difficultés levées, le mariage put s'accomplir (1).

En 1226, Hugues XIII, comte de la Marche, accorda

(1) *Cartulaire du prieuré de la Chapelle-Aude*, ch. 78, p. 119.
Le prieuré de la Chapelle Aude dépendait de la célèbre abbaye de Saint-Denis.

aux habitants d'Abun la faculté de se marier sans être astreints à demander le consentement du seigneur (1).

Les cartulaires de l'abbaye de Bénévent et de Bonlieu nous fournissent des exemples que le serf ne pouvait pas davantage se réfugier dans la liberté et l'égalité que l'Église réservait à ses membres; ou du moins pour qu'il pût embrasser l'état ecclésiastique, il fallait que son maître, empruntant quelque chose aux formes de la manumission romaine, eût consenti à l'affranchir, sans cela il ne pouvait entrer dans les ordres.

On voit, en effet, dans le cartulaire de l'abbaye de Bénévent qu'au XIe siècle Amélie, comtesse de Salagnac, donne aux chanoines de cette abbaye un de ses serfs, Pierre, de Salagnac. Comme celui-ci avait manifesté le désir de prendre l'habit ecclésiastique et qu'il ne pouvait le faire sans être affranchi, la comtesse Amélie lui accorda sa liberté pleine et entière; le même jour, il fut tonsuré dans l'église de Bénévent par Guy, évêque de Limoges, en présence d'un nombreux auditoire, notamment de Rassuelle de Lage.

Par charte datée de Ludunum monasterium, du 48 des calendes d'octobre 1263, Hugues de Lavanthe fait d'importantes donations à l'abbaye de Bonlieu; et, par cette même charte, il déclare donner et accorder à tous les hommes qui se trouvent sous sa domination la liberté et le pouvoir de se faire religieux dans cette abbaye ou dans les prieurés qui en dépendaient. Il interdit, tant pour lui que pour les siens, le droit de pouvoir jamais revenir contre cet affranchissement ni faire la moindre réclamation, ni porter aucune entrave à l'exercice du droit conféré.

(1) Jouilloton, hist. de la Marche, tom. Ier, page 267.

VII

Ce régime d'iniquité, dont l'impitoyable logique convergeait vers un but unique, — l'intérêt du seigneur, — a régné généralement partout; et il s'était conservé dans nos contrées, principalement en Combrailles. jusqu'à la fin du XVIII° siècle.

Couturier de Fourcous, dans son Commentaire sur la coutume de la Marche, art. 123, rapporte un exemple du droit de suite exercé par les chanoines d'Évaux contre un de leurs hommes :

« Il n'y a point en Marche de servitude personnelle, « dit-il; les personnes y naissent et y vivent libres, non « sujettes à ces servitudes d'origine ou d'urines, comme « il s'en trouve dans les provinces voisines du Berry et « de Combrailles où il y a suite de servitude sur ceux « de cette condition, soit qu'ils possèdent les héritages « mouvants du seigneur ou qu'ils les aient abandonnés, « et transporté leur domicile dans d'autres provinces et « lieux éloignés.

« Un sieur Ribère, né en Combrailles, dans la directe « des mouvances serves des sieurs chanoines réguliers « de Saint-Augustin, de la ville d'Évaux, en Combrailles, « s'était établi dès longtemps en la ville de Bourges, où « il était devenu professeur en droit dans l'Université, et « y étant mort sans enfants, sa succession fut revendiquée « par les dits sieurs chanoines réguliers d'Évaux et elle « leur fut adjugée, après avoir prouvé de leur part que « le sieur Ribère était leur serf d'urine, c'est-à-dire qu'il « avait pris naissance dans un lieu dépendant de leur « servitude. »

Il faut noter qu'au moment de son décès le sieur

Ribère ne possédait aucun des anciens héritages de sa famille.

Conturier de Fournoue dit qu'en Marche il n'y avait point de servitudes personnelles; nous possédons des documents qui, contrairement à cette opinion, constatent l'existence de ce triste droit.

Ce sont d'abord des actes de poursuites en revendications, exercées par le seigneur de Baptisse (1) contre des serfs habitant le village de Chezeau, dans la paroisse de Jalesches (2).

2° Un acte d'affranchissement partiel, d'après lequel J. de Cluys, seigneur de Baptisse, paroisse de Clugnat, demeurant au dit lieu, a, le 31 décembre 1628, affranchi et monumé de tout lien et joug de servitude, tant de suite personnelle que de biens, que taillable et mortaillable et autres espèces de servitudes quelconques, qu'il pouvait avoir et prétendre à l'encontre de Jean Couchy, Antoine Gilbert, Jean et Barbe Couchy, veuve de Germain Touzain et leurs enfants. *Sans préjudice*, néanmoins, des droits de servitude que le dit sieur de Cluys a réservé sur les autres enfants du dit Couchy, etc., etc. Cet affranchissement ne fut point fait gratuitement, les malheureux serfs achetèrent leur liberté moyennant deux cents livres tournois, qu'ils payèrent comptant au dit J. de Cluys, seigneur de Baptisse, qui se réservait des droits contre les autres serfs.

3° Le dénombrement donné aux gens du roi à Moulins par le sieur Peyroux, de sa terre de la Spouze (3), duquel il résulte qu'il possédait des serfs à Manally et autres lieux dans la paroisse de La Celle.

(1) Baptisse, commune de Cl[...], canton de Châtelus.

(2) Jalesches, canton de Châtelus.

(3) La Spouze, Manally, commune de La Celle, canton de Jarnages.

4° Et enfin le dossier d'une procédure suivie en 1780 par Louis de Laboreys, seigneur de Beaupêche (1), contre Jean Boissy, de Jarnagette, commune de Parsac, qu'il prétendait être son homme de serve condition, et auquel il réclamait, en cette qualité, des droits de servitude que Boissy contestait. La Révolution seule décida du procès (2).

Probst, dans son commentaire sur la coutume d'Auvergne, nous dit, que le droit de servitude réelle, en la Marche, c'est-à-dire attaché aux fonds possédés par les tenanciers du seigneur, avait une extension considérable, au point que certains jurisconsultes allaient jusqu'à assimiler la condition de ceux-ci à la servitude personnelle.

La sentence rendue au profit des chanoines d'Évaux, nous indique que la servitude de l'homme sujet à la main-morte personnelle, universelle en France, était attachée à ses os et à sa chair, qu'elle le suivait partout, même en abandonnant ses héritages et en fuyant sa patrie. Qu'en quelques lieux qu'il fût et sans posséder aucun bien dans la terre de son ancien seigneur, il se trouvait toujours serf; que les biens qu'il acquerait au loin, hors de sa justice et de sa directe, n'étaient pas moins dévolus, par son décès sans enfants, au seigneur. Il y avait même des coutumes qui préféraient le seigneur aux enfants ne demeurant pas avec leur père, lors de son décès.

L'homme franc, roturier ou non noble, de même que le serf, ou homme de serve condition, ne pouvait non-seulement nommer de tuteur à ses enfants, mais il ne pouvait l'être lui-même, le cas échéant, qu'autant que le juge compétent lui déférait cette tutelle. Et cet état de chose a duré jusqu'à la Révolution (3).

(1) Beaupêche, commune de Domeyrot, Parsac, canton de Jarnages.

(2) Je possède les pièces ayant trait à ces affaires.

(3) Art. 79 et 82 de la Coutume de la Marche.

VIII

Si aucune opinion sur les causes de la servitude n'avait cours au moyen âge, cette grande injustice des siècles écoulés, œuvre de l'invasion d'une race sur l'autre et des usurpations graduelles de l'homme sur l'homme, n'en était pas moins ressentie, par ceux qui la subissaient, avec une profonde amertume. Déjà, s'élevait contre les oppressions du régime féodal, le cri de haine qui s'est prolongé, grandissant toujours, jusqu'à la destruction des derniers restes de ce régime.

Au xiiᵉ siècle, les trouvères, fidèles échos de la société, disaient aux paysans : « Les seigneurs ne nous font que « du mal; nous ne pouvons avoir d'eux ni raison ni « justice; ils ont tout, prennent tout, mangent tout, et « nous font vivre en pauvreté et en douleur. Chaque « jour est pour nous jour de peine; nous n'avons pas « une heure de paix, tant il y a de services et de « redevances, de tailles et de corvées, de prévôts et de « baillis. Pourquoi nous laisser traiter ainsi? Mettons-nous « hors de leur pouvoir; nous sommes des hommes comme « eux, nous avons les mêmes membres, la même taille, « la même force pour souffrir, et nous sommes cent « contre un. Défendons-nous contre les chevaliers; tenons- « nous tous ensemble, et nul homme n'aura seigneurie « sur nous et nous pourrons couper des arbres dans les « forêts, prendre le gibier, etc., etc. (1). »

La servitude, n'étant point une loi naturelle, devait nécessairement être détruite; la raison et l'intelligence devaient reprendre peu à peu leurs droits. Mais, quelque

(1) Wace, roman de Rou, etc., etc.

le sentiment d'indépendance, le désir de la liberté continuaient leur marche ascendante et progressive à travers des obstacles et des difficultés sans fin, le progrès ne se développe qu'avec une lenteur telle, qu'il a fallu la consommation de bien des siècles pour en voir réaliser le triomphe.

Au XIII° siècle et dans les siècles suivants, quelques seigneurs ruinés par les croisades ou par les longues guerres qui désolèrent la France pendant tant d'années, pour rétablir l'équilibre de leurs finances ou pour rendre leurs terres plus peuplées, et, par suite, augmenter leurs revenus, consentirent des affranchissements partiels; mais ce ne fut qu'aux chers deniers et à des conditions bien dures, avec des réserves de redevances et de corvées, qu'ils les accordèrent.

Quelquefois ces affranchissements ne s'appliquaient qu'aux personnes nominativement désignées dans l'acte et à leurs descendants; de telle sorte que les étrangers qui venaient s'implanter dans le lieu de franchises n'en profitaient pas et restaient toujours de conditions serviles, comme la franchise de Beusses nous en fournit un exemple.

D'autres fois, c'était un territoire très-circonscrit qui était affranchi, comme Jarnages, dont les franchises s'étendaient hors des murs, à l'est, à environ cinq cents pas; au sud, à l'ouest et au nord, jusqu'à un kilomètre. Distances déterminées par des croix appelées croix de franchises, tant il est vrai qu'à cette époque barbare où les droits étaient si peu respectés, on les plaçait sous la sauvegarde de la religion qui semblait veiller à leur conservation.

Ces affranchissements ne produisirent que bien peu d'effet, on ne pouvait guère les considérer que comme de faibles flambeaux répandus çà et là, au milieu d'une nuit fort obscure.

Cependant grâce à l'impulsion donné par les mouvements religieux au xve et au xvie siècles, puissamment secondés plus tard par les écrits des philosophes qui venaient saper les fondements du vieil édifice social, le servage n'était plus au xviiie siècle, ni l'esclavage antique, ni la servitude des premiers siècles. Mais comme le serf appartenait plus encore à la glèbe qu'à l'homme, la confusion qui s'était opérée aux mêmes mains de la propriété et de la souveraineté, ne laissait au malheureux serf guère d'espérance ni de recours.

Quoiqu'il eût été porté quelque adoucissement à son sort, il n'en était pas moins resté dans une grande dépendance de son seigneur, qui gardait toujours des droits sur lui en quelque lieu qu'il allât demeurer. Il ne pouvait trouver aucune retraite sûre en dehors du fief où il traînait sa vie, et où ses enfants étaient condamnés à végéter après lui. Il lui était interdit de se réfugier dans une autre seigneurie, où il aurait pu espérer une condition plus douce; son maître le réclamait comme un esclave fugitif, il fallait le rendre : c'est ce qu'on appelait droit de suite ou de poursuite.

Ainsi le malheureux fugitif ne pouvait franchir les limites du champ qui l'avait vu naître sans être traqué comme une bête fauve et ramené de vive force sur la terre ingrate qu'il était condamné à féconder jusqu'à sa mort, sans emporter à ce moment la consolante pensée que ses enfants recueilleraient un jour le fruit de ses travaux. L'homme de mainmorte, en mourant, ne pouvait en effet transmettre, même à ses enfants, ce qu'il avait acquis par le travail; le seigneur excluait tout le monde et devenait son héritier au détriment des parents les plus proches.

Au xviie siècle, un sieur François Candoret mourut homme serf et de mortaille condition, au village de Vige, commune de Domeyrot, dans la mouvance et servitude de la seigneurie de Beaupêche; Étienne de Laboreys, seigneur du dit lieu, revendiqua la succession du dit Candoret, dont les héritiers naturels s'étaient emparés; il obtint gain de cause à la justice de Boussac, et la sentence fut confirmée, sur appel, par arrêt du baillage d'Issoudun du 16 décembre 1681 (1).

La coutume de la Marche semble avoir porté atteinte à ce principe absolu, en indiquant dans son article 152 que la vie commune, la vie au même chanteau, le partage du feu, du sel et du pain réunis aux liens du sang conservait l'hérédité dans la famille. — Cette exception à la rigueur extrême du principe eut pour effet d'immobiliser en quelque sorte les populations; de vouer à l'avance les enfants au sol qu'avait cultivé leurs pères, et de confondre le serf avec la glèbe qu'arrosait ses sueurs.

Mais le seigneur en contraignant, ou si l'on aime mieux en tolérant les serfs à vivre en ménage commun, agissait en vue de l'amélioration de ses terres; et, les terres améliorées, la communauté lui devenait un obstacle; il multipliait alors les occasions de dissolution. Une fois séparés, ces malheureux ne pouvaient plus, sans le consentement exprès de leur seigneur, établir une nouvelle association pouvant avoir pour effet de se succéder les unes aux autres. (Art. 153 de la Coutume de la Marche et art. 15 de celle du Nivernais (2).

Cet état de chose ne pouvait exister de son temps sans éveiller l'attention du patriarche de Ferney, toujours disposé à défendre le faible contre le fort, l'opprimé contre l'oppresseur. Lui qui du fond de sa retraite fit réhabiliter la mémoire de Calas, de Sirven, de Martin, de Mont-Bailly, et sauva de l'échafaud la femme de ce

____

(1) Je possède une expédition sur parchemin de l'arrêt du baillage d'Issoudun.

(2) Voir Coquille sur ce dernier article.

dernier! d'où il éleva énergiquement la voix pour douze mille serfs des moines de Saint-Claude, dans les Monts-Jura ; et empêcha de consommer la ruine des pauvres mineurs dont le patrimoine engagé pour quinze mille francs était convoité par les jésuites d'Ornex qui voulaient arrondir leur domaine ; Voltaire déposa les quinze mille francs au bailliage de Gex, et parvint ainsi à soustraire ce patrimoine à la rapacité de ces pères de la ruse.

Un secrétaire de roi ayant été traqué jusqu'à Paris et à Metz, sous prétexte qu'il était né ou qu'il avait demeuré dans sa jeunesse sur un fond main-mortable, cette audacieuse revendication vint soulever la conscience du grand écrivain philosophe et lui fournir l'occasion d'inimitables pamphlets, qui remuèrent vivement l'opinion publique, et amenèrent l'édit de 1778 abolitif du droit de poursuite.

Mais l'abolition de la poursuite n'était qu'une demi-mesure et la main-morte ne devait disparaître définitivement que dans la grande hécatombe féodale qui éclaira d'une lueur si resplendissante la mémorable nuit du 4 août 1789. Oh ! cette fois, c'en était bien fait de la main-morte, elle avait disparu pour toujours et le servage avec elle.

IX

En écrivant les lignes qui précèdent, je me suis proposé de démontrer que, jusqu'à l'avènement de notre grande Révolution, le servage avait existé dans la Marche et dans les diverses parties des autres provinces qui ont contribué à former le département de la Creuse. Établir jusqu'à cette époque l'usage de cet étrange droit dans une province, c'est le faire pour toutes, car on le retrouve partout, organisé avec le même système d'oppression. C'est, du

reste, le meilleur moyen de réfuter les assertions de ceux
qui, faisant de l'histoire à leur façon, ne craignent pas
d'avancer, contrairement à toute vérité, que la servitude
personnelle n'existait plus en 89, et qu'on ne payait ni dîmes
ni corvées (1). Il ne nous reste plus qu'à renvoyer ces
esprits forts aux débats de la séance du soir du mercredi
4 août 1789, où ils verront les députés de la noblesse re-
connaître eux-mêmes la nécessité d'abolir les lois féodales
qui pesaient si durement sur les malheureux cultivateurs, où
ils verront, entre autres, M. Le Guen de Kerangal, député
de la basse Bretagne, flétrir ces barbares institutions dans
une chaleureuse improvisation :

« Le peuple, dit-il, impatient d'obtenir justice et las de
« l'oppression s'empresse à détruire ces titres, monuments
« de la barbarie de nos pères.

« Soyons justes, messieurs, qu'on nous apporte ici les ti-
« tres qui outragent non-seulement la pudeur, mais l'huma-
« nité même ; qu'on nous apporte ces titres qui obligent les
« hommes à passer les nuits à battre les étangs pour
« empêcher les grenouilles de troubler le sommeil de leurs
« voluptueux seigneurs ; qu'on nous apporte ces titres qui
« humilient l'espèce humaine en exigeant que les hommes
« soient attelés à une charrette, comme des animaux de
« labourage (2) ; qui de nous, messieurs, ne ferait un
« bûcher expiatoire de ces infâmes parchemins, et ne
« porterait pas le flambeau pour en faire un sacrifice
« sur l'autel du bien public. . . . . »

Par ces mots : « qui outragent non-seulement la
« pudeur mais *l'humanité même,* » l'orateur fait allusion

<hr>

(1) Voir le compte-rendu de la séance du 13 septembre 1872,
dans l'*Officiel* du 14.
(2) Ce droit était nommé *Carpentagium* et, quelquefois,
Cariagium.

à cette prestation féodale qui autorisait les seigneurs à ravir, aux nouveaux époux, les prémices du mariage; prestation qu'on nommait : « *Marcheta, jus Cunni*, Pré- « mices et Déflorement, etc., etc. » Pendant les siècles de barbarie, que les ignorants nomment le *bon vieux temps*, elle était en usage dans presque toute l'Europe et dans toutes les provinces de France.

Entre mille exemples je puis citer les suivants :

1° La sénéchaussé de Guyenne condamne, le 13 juillet 1302, Catherine Sascarole et Guillaume, de Bécaron, à obéir au seigneur de Blanquefort, afin qu'il prenne son droit sur la nouvelle épouse, et à faire amende honorable, à genoux, devant ce seigneur auquel les époux indociles avaient réfusés ce droit (1).

2° Les seigneurs ecclésiastiques exerçaient aussi cette tyrannie. L'historien du Quercy (2) dit que les moines de Saint-Théodard de Montauban percevaient cette prestation.

3° Les chapitres d'Amiens, de Mâcon, de Lyon, etc., etc., en usaient de même envers les jeunes épousées.

4° Boberius dit avoir vu au xvi° siècle, un procès intenté à la cour du métropolitain de Bourges par un curé du Berry qui réclamait impudemment le droit de coucher la première nuit des noces avec les jeunes mariées de sa paroisse (3).

5° Les coutumes anglo-normandes avaient consacré cet ignoble usage par un texte formel de loi : *De Marchetis Mulierum* (4).

(1) Biblioth. historique, vol. XII, 4° cahier, p. 122.
(2) Tome 1, page 132.
(3) Voir du Cange, glossaire au mot *Marcheta*.
(4) Voir tome 2, livre 4, page 249.

X

C'est à l'immortelle Révolution de 1789 que nous devons l'abolition de tous ces iniques droits et de tant d'autres, qui, comme le dit M. Le Guen de Kerengal, outrageaient l'humanité. C'est elle qui, en proclamant l'égalité des droits, a émancipé le paysan, cet ouvrier de la terre, qui, courbé sur la glèbe, portant le faix de la chaleur du jour, a nourri pendant bien des siècles les rois, les prélats, les seigneurs et les bourgeois de son travail d'esclave et de serf. En revanche, il a été le jouet de tous, le mutilé, le torturé, l'affamé. Ses maîtres ont eu des poëtes et des historiens pour chanter leurs prouesse; lui, le paysan, n'a jamais entendu chanter ses misères. Eh! quelles misères pendant quatorze siècles! Rien ne lui appartient : ni sa femme, ni sa fille, ni son fils, ni son champ, ni sa corvée, ni ses membres, ni sa pensée, ni sa religion. Rien! pas même sa première nuit de noces... Il est moins qu'une bête de somme; il est une chose; non une chose précieuse que son propriétaire tient à conserver, mais un de ces jouets que les enfants brisent quand ils en sont las. Pauvre main-mortable de la glèbe féodale! arrière petit-fils de l'esclave Gallo-Romain, supplicié de tous les règnes, de toutes les castes, de toutes les hiérarchies, avec quelle allégresse as-tu bondi de ton gril de fer rouge à l'aurore de 89! Tu étais redevenu un homme; tu pouvais lever vers le ciel ton cou libre du collier féodal; les mille et une chaînes rouillées qui enlaçaient tes membres noirs, desséchés, meurtris, venaient de se briser d'un seul coup. Désormais, pauvre serf, tu ne seras plus taillable et corvéable à merci; tu ne marcheras plus pieds nus, habillé de peaux de bêtes, et tu pourras posséder ce morceau de terre dont tu es l'instrument vivant. Et cette émancipation te vengera de tant de souffrances et d'humiliations; car cette terre qui se paralysait en désert, va, grâce à toi, redevenir féconde et te rendre riche.

Pauvre peuple! lorsque tu seras assez instruit, tu comprendras la grandeur de la Révolution de 1789, tu l'aimeras et tu la défendras contre tous ces conspirateurs nains et hypocrites qui cherchent à déraciner l'arbre symbolique de la liberté!

Jarnages, mars 1878.

Guéret — Imp. v⁰ Betoulle — 1878.

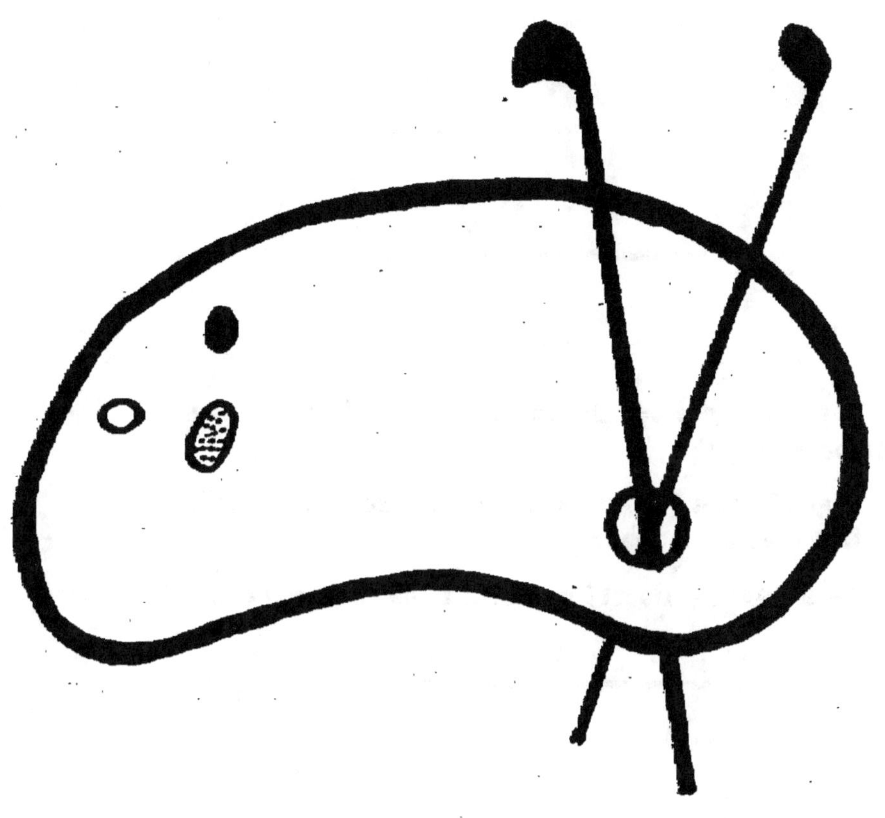

www.ingramcontent.com/pod-product-compliance
Lightning Source LLC
LaVergne TN
LVHW020446060726
842525LV00005B/1557